Catherine Mauger-Trouiller

Bulle

La vie se conjugue au présent

MIXTE
Papier issu de sources responsables
Paper from responsible sources
FSC® C105338
FSC
www.fsc.org

Bulle, je m'appelle Bulle.

J'ai 20 ans. Peut-être un peu moins, peut-être un peu plus. Je ne sais.

Non, non, je ne suis pas amnésique. Impossible néanmoins de vous en dire plus.

Ce que l'on décline habituellement sur son identité, eh bien moi je ne peux rien ajouter, simplement vous confier ce qui est inscrit sur les lignes de mon acte de naissance : « néant ».

Néant,

un petit mot de rien du tout.

Un mot qui lu du bout des lèvres, s'arrête net au bord d'un précipice, d'un vide.

Un mot qui prononcé ouvre grand une porte sur l'abîme.

Un mot qui exprimé en langue des oiseaux « *né... en...* » s'aligne à l'infini, en points de suspension…

D'écho en écho, le mot se perd dans l'univers.

Une salle des pas perdus.

Un de ces lieux les plus vivants du monde fébrile, merveilleusement empreint d'anonymat, voilà le lieu où l'on me trouve un jour, bébé abandonné de quelques mois. Un petit dieu voyageur laissé là, incognito, dans une poussette pourvue du nécessaire, entre les mains bienveillantes d'une nourrice invisible qu'on appelle *Providence*.

Dans la salle des pas perdus, pas perdue pourtant je ne fus.

Dans ce chassé-croisé de pas, une jeune employée non loin m'aperçoit, cherche les parents du regard, roule ses yeux de toutes parts, s'attarde auprès de moi.

Le temps s'écoule, glisse dans le sablier, finit par s'épuiser. Il faut se rendre à l'évidence. Personne ne s'avance.

Alors l'ange en émoi s'incline, me prend dans ses bras. L'amour devient rempart.

Même les moineaux alentour picorant les miettes pour eux tombées du ciel, piaillent joyeusement, battent des ailes et approuvent l'instant.

Je souris, petit moineau confiant.

Le regard tout étonné, les yeux brillants de lumière, j'observe le tumulte du monde passant.

Hier n'existe plus, et encore moins demain. La vie se conjugue au présent.

Bulle, ce prénom devenu mien, je l'ai d'emblée adopté comme un vêtement dans lequel on se sent bien. Il m'est abri, remède aussi, antidote et contrepoids face à ce néant par décret ratifié. Dans notre société humaine dite *civilisée*, pour un oui, pour un non, il faut décliner son nom, se déclarer, se justifier, prouver son identité.

– Nom, prénom, date et lieu de naissance s'il vous plaît ?

Quand je suis confrontée à ce « rien » à déclarer, c'est plus fort que moi, j'éprouve un pincement au coeur. Le chagrin sous-marin remonte à la surface.

Qui suis-je ?

D'où je viens ?

Bulle,

c'est léger à porter quand ce néant devient trop pesant, trop encombrant.

S'élever sur un tapis volant, c'est grisant ! Et puis on voit les choses tout autrement. Prendre de la hauteur élargit le champ de vision et la compréhension. On devient plus grand, plus grand que soi-même, plus grand que le monde... peut-être même plus grand que le néant ?

Tout bien considérée, cette approche aérienne semble l'apprivoiser, le rend moins rebutant, crée un apaisement.

Alors, au fil des jours, au fil du temps, ayant un brin grandi, sur terre on redescend, le tapis replié pour un temps. On fait un autre pas, propulsé par je ne sais quoi qui surgit du tréfonds de soi… une force vive qui donne élan, chaleureuse, joyeuse et mystérieuse tout à la fois.

Force de destinée ?

Force d'âme ?

Force d'amour ?

Oui, c'est ça je crois, force d'amour.

L'amour, c'est comme une présence invisible qui est là, immédiate, vivante, une chaleur enveloppante, une force rayonnante ronde de pleine lune.

L'amour, c'est le doudou-adoré-voyageur qui accompagne l'enfant. Sur tous les fronts, il s'adapte à chaque situation. Un doudou vagabond-malmené-dépenaillé-qui-sent-mauvais. Qu'importe ! On le serre contre son cœur. Il veille en silence, éponge l'émotion qui déborde, éteint les feux follets enfantins. En un mot, il sauve. Il sauve l'enfant de tous les néants.

Quelque chose en moi qui n'est pas moi, bien plus grand que moi, le sait, oui, le sait depuis toujours, comme une évidence.

Qui suis-je ?

L'identité s'attache à son berceau comme une moule à son rocher, comme l'arbre à la terre, l'ombre à la lumière, le bébé à sa mère.

Penchée sur mon berceau voilé d'un silence de neige, je suis face au mystère. J'aimerais comprendre, connaître la vérité sur mon identité, sans pour autant vouloir juger.

Un grand point d'interrogation reste en suspens au-dessus du berceau….. **?** …..

Je m'en éloigne un peu.
Prendre de la distance… pour avancer d'un pas.
Et un jour on s'élance. Dans le vide, on s'élance. C'est ainsi qu'on apprend à marcher n'est-ce-pas ? Grandir, quelle expérience ! Peurs et joies entrelacées, oser s'aventurer. Oser le pas.
Au début, on prend appui sur le doudou-chéri, puis peu à peu de l'intérieur on s'affermit. Le coeur motivé s'échauffe, se dilate, bat tambour, fait entendre sa voix pour peu qu'on lui laisse le choix.

Le coeur a ses raisons… Pascal et ses pensées sont imprégnés de vérité. J'aime la philosophie, la vraie, l'universelle, cette sage amie qui éclaire le sens de la vie.

Ah, je vous le confie aussi,
« métissée » c'est mon pedigree.
Le mot s'écrit, se lit, ou bien se révèle
d'un simple regard.
– Quelle est ton origine ?
Simple curiosité ou véritable intérêt de
la part du questionneur, quoi qu'il en
soit la question-flèche touche la cible.
J'avale ma salive. Je reste sans voix.
Décidément, l'origine colle à la peau.

D'où je viens ?

Voilà la question brûlante soumise aux étoiles, au soleil, à la rose des vents !

Aujourd'hui, c'est décidé ! Je pars en quête de mes racines.

Petite enfance dérobée, je m'en vais te chercher dans le labyrinthe du temps. Vaste est le monde de l'espace-temps, vaste comme le néant.

Certes, le chemin est hasardeux, avec pour provision trois pommes vertes dans mon panier : née d'une mère et d'un père inconnus, abandonnée pour une cause ignorée, adoptée par de nouveaux parents aimants.

Et quelque part, quelqu'un qui sait.

J'aime les arbres. J'en connais qui rient, d'autres qui pleurent, solitaires, ou en compagnie. Ils sont là, immobiles, silencieux, présents à la vie, à la mort aussi. Voyez cette souche tronquée, abandonnée… et son tendre rejeton nouveau-né !

Entre ciel et terre, il est un mystérieux commerce secret.

Les arbres communiquent. Ancrés par leurs racines dans la terre nourricière, dans l'invisible, ils tissent des liens, réseaux d'entraide et de soutien. Ils veillent. Ils prennent soin… On les dit guérisseurs, médecins. Leur sagesse millénaire avait-elle pris racine dans le cœur d'Hippocrate quand il écrit son noble serment ?

Grandir par ses racines est un vœu légitime, reconnu, approuvé.

C'est pourquoi mon histoire au grand jour s'aventure. L'avis de recherche est lancé, à tout venant, à la volée !

Les canaux sociaux sollicités ouvrent pour moi des écluses, commencent à irriguer mon champ de prospection.

Insoupçonnées, des ramifications se créent, se fondent peu à peu en solidarité, comme pour mes amis les arbres.

Encouragées, mes recherches se poursuivent. Ayant accès à mon dossier, un miracle s'accomplit.

Voici qu'apparaît un morceau du puzzle déconstruit. Le procès-verbal de ma découverte m'apprend l'identité de l'ange, cette jeune femme qui, dans la salle des pas perdus, m'a trouvée.

Un fil d'Ariane se déroule, devance mon pas. Il me conduit jusqu'à la rencontre.

Claire s'est approchée... un pas vers moi… un pas vers elle qui me dévisage, me reconnaît : même regard, même sourire que ce bébé abandonné.

Deux coeurs battent ensemble la chamade !

– Bulle, c'est extraordinaire ! C'est bien toi ! Et tu me retrouves des années après que je t'aie trouvée !

Je ris, je pleure. Joie et confiance mêlées au goût salé des larmes. Et tout au fond, là, dans le tréfonds du coeur, une étoile ensoleille sa nuit.

Suivant un conseil avisé, un test ADN ethnique me révèle une probable origine : eurasienne, mi-vietnamienne, mi-européenne, à priori du Grand-Est de France ou bien d'Allemagne.

Ce précieux indice géographique est aussitôt consigné dans une banque de données. Une parmi des milliers... mais peut-être une chance d'entrer en contact avec des cousins génétiques ? Mon imagination vagabonde. De la famille quelque part en Asie ? En France ? En Allemagne ? Quelqu'un qui sait ?

Me voici à une croisée de chemins, un carrefour indicateur de sens.

Mais voilà, je n'ai pas de *Global Positioning System !* Non, pas de G.P.S.

La boussole me manque. Mon imagination s'emballe. Des questions fusent de toutes parts. Qui tient les rennes en mains pour aller plus loin ?

Moi, Bulle ? Le destin ?

Ou bien l'amour pressenti qui s'invite ?

Certes, le désir de connaître la vérité sur mon sort de bébé est bien le moteur de ma quête, mais je dois avouer que chercher ses racines réveille dans la nuit des ombres-fantômes drapées de blanc. La peur, le doute, l'impatience, pointent du doigt les questions sans réponse. Parfois, un frisson dans le dos. Parfois, de longs soupirs ou des larmes chagrines remontent de l'abîme.

Comme le néant, le mot *destin* pèse lourd. Souvent figé dans les esprits, on l'apparente à la fatalité, aux coups du sort, parfois même on l'associe au noir maudit. La pensée de Nietzche vient à mon secours. Quand il parle de l'*amor fati*, il élargit pour moi l'horizon. L'amor fati : un oui franc à la vie.

Ah le pouvoir des mots ! Porteurs de sens et d'ambivalence aussi. Le paradoxe des contraires dément les certitudes et met la tête en déroute.

Alors, je déplie à nouveau mon tapis magique, et me voilà respirer au-dessus des nuages, bulle légère flottant dans un bleu outremer.

Un bain de silence, de lumière... ma tête est contrainte de se taire.

Vous connaissez ce jeu d'enfants *marabout-bout-de-ficelle* ?

Un alignement spontané de mots qui s'ordonnent, qui tissent la trame d'une histoire. De surprenantes coïncidences se présentent, se prennent par la main. Comme ces étoiles reliées par des fils invisibles qui donnent forme à la Grande Ourse ou la Licorne, des petits phares clignotant dans le noir.

Des images défilent, se combinent, composent un scénario, tout comme le scénario de mon histoire.

– **R**egarde Bulle, tout s'aligne, tout s'engrène, me souffle une voix enjouée de l'intérieur. Crois-tu encore au hasard ? Ces concours de circonstances ne sont-ils pas des signes, d'heureuses synchronicités, des petits cailloux blancs semés sur ton chemin de vie ?

Mon âme intuitive acquiesce sans hésiter. Apaisée, je replie mon tapis, décidée à me laisser porter par cette ondulation de la vie simple et vraie.

Bien sûr, contradictions ou obstacles ne s'effacent pas avec un *abracadabra* ! Mais, plutôt que m'enfermer dans une résistance chagrine qui ricoche mal sur l'entourage, j'en viens à expérimenter l'acceptation, le lâcher-prise, la non action-réaction. Je m'en remets à *Mère Providence.*

Dans le monde relationnel, j'ai appris que la neutralité, parfois bonne conseillère, équilibre la balance des contraires.

Reprenant la lecture détaillée du dossier, car chaque détail importe, je découvre soudain la déclaration d'un témoin. Une autre pièce du puzzle vient le compléter. Dans la salle des pas perdus, une jeune femme typée, un peu égarée, avec valise, poussette et bébé, a été remarquée.

Quel cadeau inattendu !

L'étincelle d'espoir est ranimée. Voilà une nouvelle piste sur laquelle je peux m'engager. Aucun indice n'est à négliger.

Graine ailée soufflée par le vent, l'appel à témoins est lancé sur les ondes, dans l'air du temps. Emue par mon histoire, la solidarité répond. Certainement, quelqu'un, quelque part, connaît la vérité à mon sujet.
Osera-t-il un jour se manifester ?

Considérant la dernière année écoulée, je mesure le chemin parcouru.

Quelle aventure ! Un pas suffit pour tracer une voie. Un premier pas volontaire posé face à soi, qui donne forme à une empreinte. Puis deux. Puis trois. Pas à pas, le tracé se dessine, défriche l'inconnu, ce néant-point-de-départ de mon histoire.

Un parcours de découvertes, ou de santé peut-être, pour soi-même mais aussi pour beaucoup d'autres, par réaction en chaîne.

Là, une avancée.

Là, un point d'arrêt.

Là, une station d'écoute.

Là, un rendez-vous fixé.

A n'en pas douter, un fil rouge mène l'enquête.

Me voici de retour près de mon berceau. J'en écarte le voile et je te vois bébé confiant endormi dans son nid. Dieu sait quels secrets héritages tu portes en toi ! Mais je ne désespère pas. Derrière les voiles, derrière les apparences, à notre insu, s'organise la vie. Un certain arrangement des choses, un certain assemblage d'atomes, et soudain un souffle inspirant, inattendu, une harmonie. D'un petit rien ou d'un grand tout, l'âme-joie est là, au rendez-vous.

Oui, un fil d'Ariane conduit nos pas. J'aime la vie. Vous l'aurez compris. C'est un présent découvert là, dans mon berceau tout près duquel *Mère Providence* veille.

Huit milliards d'individus sur terre, humains mes semblables, nés d'une femme et d'un homme, et chacun, chacune, *unique* au monde ! Vertigineuse pensée !

Dans ma bibliothèque, parmi la philosophie, l'astronomie, un livre d'anatomie. Illustré, détaillé, très bien présenté, je lui porte grand intérêt. Quand j'étudie l'anatomie, je suis toujours émerveillée devant ce chef-d'oeuvre humain anonyme.

Captivée par ce corps si fabuleusement construit jusque dans l'infime, je me dis que seule une intelligence supérieure sublime a pu concevoir cette merveille, qu'aucun artiste sur terre ne peut l'égaler.

L'imiter, l'égaler, voire même le surpasser, l'*intelligence artificielle* l'ambitionne, s'y emploie, fascine par ses résultats. *ChatGPT* fait entendre sa voix, invite au dialogue. Dialoguer, raisonner avec un *chatbot* praticien à visage humain, c'est tentant. Je tente l'expérience.

L'écran-miroir me renvoie l'image d'un faux semblable top-modèle idéal, bienveillant, cultivé, qui a du répondant… le prototype d'un humanoïde-magicien-robot-pensant apte à combler bien des vides, bien des néants... Eh bien oui, c'est confondant !

– **N**on, Bulle, tu n'es pas un robot ! revendique mon âme indignée pressant un danger.

Somme toute, elle n'a pas tort.

Il est vrai que l'identité-image-de-soi s'attache à l'apparence. Attention à l'identification, ce miroir déformant des faux-semblants.

D'ailleurs, je déteste les stéréotypes, ces étiquettes identitaires qui enferment chacun dans une case.

A chaque génération, un nom collé sur le front : *Silencieuse - Babyboomers - X - Y - Z - Alpha* qui inaugure à la lettre un nouveau commencement.

Vers où ? Vers quoi ?

Au dire d'un pronostic sociologique, les *Alphas,* nés dans le numérique, passeront toute leur vie dans la technologie, à réparer le monde surexploité, abandonné par les générations précédentes.

Et qu'en sera-t-il de cette génération-artificielle-spontanée créée à notre image, et qui plus est *augmentée,* mise en service soi-disant au profit de l'humanité ?

Tout en réfléchissant à ce devenir humain hybride omniconnecté, condamné encore à rouler son rocher, j'abandonne délibérément *Chatbot,* mon faux-semblable-à-visage-humain et le relègue à sa place d'humanoïde numérique.

Avez-vous déjà étudié la conception d'un embryon ?

Des millions de spermatozoïdes partent à la conquête d'un ovule. Un vrai parcours de combattant. Un seul franchit tous les obstacles, un seul va vivre le miracle ! Deux fusionnent en un. Une cellule unique. Elle s'appelle *Zygote*. Dès sa création, Zygote-embryon s'anime par le coeur qui bat tambour dès le 22e jour.

On dit que le coeur humain est un organe d'unité. Il en porte la signature dans sa structure. Ses cellules ne sont pas agglutinées les unes aux autres mais agencées comme des roues d'engrenage qui s'emboîtent en une cohésion parfaite. Solidaires, ses cellules communiquent entre elles, s'enseignent les unes des autres sur ce qu'elles ont à faire, tout en infusant au corps une prodigieuse énergie durant toute sa vie.

Avez-vous déjà écouter les battements d'un coeur ?

Ecouter battre le coeur a quelque chose de très troublant. Ses pulsations rythmées ne laissent pas indifférent.

Ce coeur animé, lové dans les poumons, blotti entre deux ailes repliées, pour sûr cache un secret.

Deux ailes repliées... un ange tombé du ciel qui ne peut plus voler ? Un ange à libérer ?

Mais oui, je porte en moi un trésor caché !

J'ai 20 ans et des poussières.

Peut-être plus. Peut-être moins. Qui sait ?

L'aventure et son énigme se prolongent.

– Patience Bulle ! Patience… rien n'arrive mais tout peut arriver, murmure mon âme à qui je tends les rennes désormais pour me guider.

Que d'étapes franchies au cours de cet itinéraire identitaire !

Merci à *Mère Providence* et à son silence qui ne peut ouvertement se déclarer.

Merci à *Hasard* qui n'existe pas.

Merci à *Néant*, ce petit nom de rien du tout qui m'a conduit vers un abîme, le sans fond qui monte jusqu'au ciel.

Merci à mon *Âme* qui m'accompagne et me libère des préjugés identitaires.

A moi désormais d'apprendre à écouter, à lire les signes, entre les lignes, à ne plus me laisser conter par le mensonge, le rêve ou l'illusion.

Oser sortir des cases, quel beau projet pour se trouver ! Je laisse là mes héritages, prête à recycler le passé en un présent vivant.

Je roule mon tapis dans un coin. Je crois ne plus en avoir besoin.

Ma vie reprend son vol. Par delà les limites, par delà les frontières, sur les ailes de l'âme, je trace mon chemin.

Et même si par temps d'orage s'amoncellent des nuages, se creusent des ornières, même si par temps desséchant se craquelle la terre, je sais la vie en moi, en toi, en nous, en vous, capable de prodige.

Petit enfant fragile un jour abandonné, quoi qu'il advienne, je t'accompagne. D'ailleurs, tu me devances. C'est toi qui m'ouvre la voie vers l'impossible auquel j'aspire... trouver le trésor caché, l'épiphanie de la vraie joie.

– Garde toujours ton cœur ouvert, chuchote mon âme, pour si un jour *Providence* rompt le silence...

Au cœur du désert

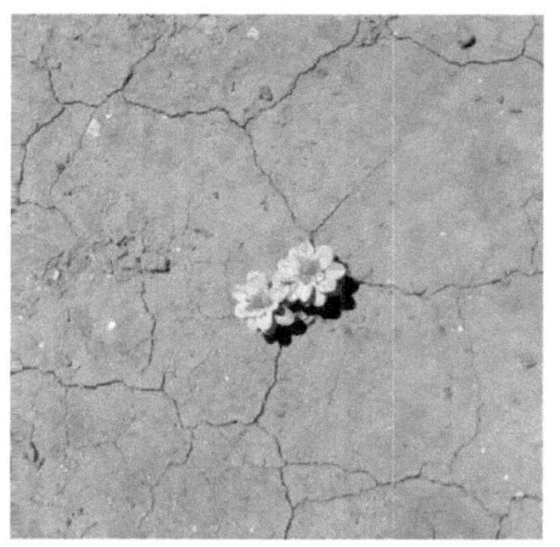

Au cœur du désert
j'ai rencontré le loup qui, bien sûr, voulait
me manger.

Au cœur du désert
j'ai rencontré la sorcière qui, bien sûr,
voulait m'empoisonner.

Au cœur du désert
j'ai rencontré le serpent qui, bien sûr,
voulait me piquer.

Au cœur du désert
j'ai rencontré la mort qui, bien sûr, voulait
me supprimer.

Au cœur du désert

j'ai rencontré la soif qui, bien sûr, me terrassait.
Le mirage qui, bien sûr, m'illusionnait.
L'hallucination qui, bien sûr, s'en prenait à ma raison.

Au cœur du désert

j'ai résisté, faisant corps à la terre desséchée.

Et voici

j'ai rencontré deux amies qui m'ont dit :
— une goutte de rosée suffit pour nous redonner vie. Qu'attends-tu pour boire à la source qui jamais ne tarit !?

Dans le jardin cosmique
le langage des coeurs

Dans le jardin cosmique
les coeurs s'écoutent,
les coeurs se parlent.

Paroles de silence
transcrites en ondes magnétiques.

Paroles de lumière
messagères de la vie.

Les coeurs battent des ailes.
A tire d'ailes
se répand l'heureuse nouvelle :
une rose du cœur a fleuri aujourd'hui
au pied de l'arbre de vie !
Son subtil parfum, atomes de lumière,
ensemence l'univers.

Dans le jardin cosmique
les coeurs se disent...

Catherine Mauger-Trouiller

Qui suis-je ?

Je suis née avec un grand point d'interrogation
suspendu au-dessus de mon berceau. L'âme en
quête de sens dès ma plus tendre enfance.
Pourquoi ? Pourquoi la vie ? Pourquoi la mort ?
Pourquoi le blanc ? Pourquoi le noir ?
Qu'est-ce-que-je-fais-là, ici, sur cette terre ?
J'ai cherché... cherché... de la vie le mystère.
A cette aspiration ardente qui s'élève du noyau
du cœur, des réponses...
La vie cherche asile dans les coeurs en exil.
Pourquoi ?
Pour libérer l'étincelle de lumière prisonnière,
l'immortel ami endormi que chacun porte en soi.
Tous mes livres en portent la trace issue du fond
des âges… Mes livres sont à lire... et à relire...
dans le silence du cœur, mais aussi à haute voix.
Par le souffle libéré, la braise sous la cendre est
ravivée.

Editions BoD

parus

Collection Enfance en poésie

Bonjour la Vie !
Une joyeuse farandole
Petit Prince, mon immortel ami

Autres

A la fenêtre de mon âme
La Rose du Coeur me l'a dit ce matin
Tandem, des couleurs et des mots

https://roseducoeur.jimdofree.com

Édition : BoD - Books on Demand, info@bod.fr
Impression : BoD - Books on Demand, In de
Tarpen 42, Norderstedt (Allemagne)
Impression à la demande

ISBN : 978-2-3225-3977-2

Dépôt légal : juin 2024

© 2024 Catherine Mauger-Trouiller

Mes Citations
Tome 2
RÉBECCA CINÇON
AF292743

Je tiens à remercier toutes les personnes, qui m'ont permise d'en être là où je suis actuellement.

On m'a dit un jour que je devais grandir dans ma tête, je l'ai fait. Je l'ai même plus que fait. Un profond merci à deux grands monsieurs l'un est un auteur compositeur interprètre qui m'a donner l'amour des mots rien qu'à travers ses chansons depuis mon enfance. Ses paroles ont bercée ma vie, je pourrais même dire qu'il a raconté ma vie, à travers ses mots, c'est auteur c'est Monsieur Jean-Jacques Goldman.

L'autre grand monsieur est un simple anonyme pour vous mais pour moi il est et restera à jamais le Roi de mon coeur. Il m'a donner l'amour des mots à travers la lecture, passion que nous avons en commun, il m'a transmit aussi cette passion pour tous ces mots à caser, mêler etc…. pour tous ces jeux de loqiques. Il m'a transmit aussi cette résilience face à l'adversité malgré son enfance compliquée. Ce grand monsieur est tout simplement mon papa, mon héros, mon Thor, mon Odin et mon Cupidon des mots : Monsieur CINÇON Bernard.

Merci à celle sans qui je ne serais pas non plus ce que je suis devenue, cette Athéna, cette Aphrodite, ma mère, merci à elle pour ses racines de Tzigane qu'elle m'a transmise, sans savoir l'héritage qu'il y a derrière : Mme LÉON Muguette épouse CINÇON

Mais un grand merci à celles qui m'ont permit d'avoir le plus beau et plus grand rôle de ma vie, la prunelle de mes yeux : mes trois filles sans qui je ne serais rien : Pauline Lagalle, Emeline Lagalle et Noéline Lagalle.

On peut dire ce

Que nous voulons,

Nous pouvons écrire ce

Que nous voulons.

Mais nous ne pouvons

Pas mentir sur

Ce que nous ressentons

On rêve tous

D'un monde meilleur,

Mais peu choisissent

De franchir le pas,

Car ce monde s'est

A nous de le construire

Avec courage et détermination.

On débute notre vie

En croyant en

Notre chance.

Mais cette dernière

Nous pousse

A la conquérire

Sans dépérir.

On peut avoir

Peur,

Mais on doit

Lâcher-prise

Sur cette dernière

Pour avancer

Vers notre

Bonheur.

Un bonheur tout en

Couleurs et en saveurs.

On fait de notre souffrance

Ce que nous voulons en faire

Soit notre force,

Soit notre faiblesse.

Mais elle ne doit

Pas mener la danse

Sans qu'on en

Ignore la cadence.

On ne peut pas écouter

Son coeur si nous sommes

Plein d'orgueil et d'égo.

Mais ou commence

L'orgueil et l'égo si

Ce n'est dans un coeur blessé ?

Mais comment soigner

Un coeur blessé si

Nous lâchons pas prise

Sur notre orgueil et notre égo.

On ne peut pas rester
Dans nos propres souffrances
Eternellement.
Mais il faut en
Prendre conscience
Pour les affronter
Sans s'écrouler.

On brille que par

Ce que nous dégageons

Nos qualités de coeur.

Sans ces dernières

Nous n'avons

Aucune valeur.

On peut être considérer comme
Fou si nous pensons pas
Comme les autres.
Mais n'est pas là aussi le début
De notre liberté de pensée ?

On ne peut pas
Avancer vers notre futur
Serein,
Sans se prendre en main
Au présent,
En guerissant
Un passé compliqué.

Les lueurs du jours sont
Un nouvel espoir
Sur les méandres
D'une vie
De désespoires.

Notre responsabilité à assumer

Nos erreurs du passé,

Vient du fait

A s'auto-juger

A savoir communiquer.

Aider les autres

C'est pour se donner

Bonne conscience

Ou par bienveillance ?

Seul nous même avons

Conscience de

Notre bienveillance.

Si nous laissons notre folie
S'exprimer à travers
Notre créativité,
Nous serions tous
Des génis dans
Un monde de
Couleurs
Pleines de saveurs.

Nous ne naissons pas tous égaux

Mais nous nous construisons,

Avec les armes que la vie

Nous donne.

A nous de savoir ce que

Nous voulons en faire.

Se construire ou se détruire.

Vouloir ressembler
Aux autres,
C'est vouloir ressembler
A des robots
Sans couleurs,
Sans saveurs
Sans valeurs.
Alors que rassembler
Nos différences apporterait
Tout le piquant à la vie.

Qui a raison

Qui a tord ?

Personne, car il n'y

A aucune réponse

Juste.

Que des destins différents

Qu'il faut associer

Pour savoir

Les apprécier.

Etre heureux

Signifie quoi ?

Se réjouir de la moindre

Petite chose

De la vie ?

Ou tout posséder

Sans rien profiter ?

Mettre des mots sur

Des maux

Ou des maux en

Mots

Sans en connaître

La signification

Cela fait-il de

Nous un panseur de maux

Ou un penseur de mots?

Devons nous attendre
De tout perdre
De ceux qu'on aime
Pour en reconnaître
La valeur, la saveur ?
Si aimer avait
Une vraie valeur
On n'aurait à perdre
Les couleurs
De tous ceux qui nous
Sont cher.

Quelle est la différence
Entre l'espoir
Et les illusions ?
L'espoir se réalise,
Les illusions nous bercent
Sans jamais se réaliser.

Rêver sans se bercer

D'illusions,

C'est ce qui nous permet

D'appréhender la vie

Mais a nous

De faire preuve

De Discernement

Entre rêve et réalité.

Nous nous réalisons
Que si nous avançons
Pas à pas,
en toutes confiance
Vers ce que nous désirons.

Notre véritable personnalité

Ne doit pas dépendre

Des masques de souffrance

Que nous portons.

Sans les faire tomber

Nous nous libérons

Pas.

Projeter ses croyances

ou ses peurs

sur les autres,

Ne nous fait pas grandir.

C'est en les affrontant

Soi-même qui

Nous fait grandir

Douter sans cesse

De nous sans se

Poser de questions

Ne nous permet pas

D'écouter notre coeur

Ou notre intuition.

Sommes nous en mesure d'aider
l'autre, qui est en dépendance
quand nous sommes
nous aussi en souffrance ?
Qui doit aider l'autre ?
Celui qui souffre
Ou celui qui est en dépendance ?

On ne peut pas changer

Le passé.

Il n'y a aucun regret

A avoir. Juste à comprendre

La leçon.

Sans répeter les mêmes

Erreurs,

On se doit d'avancer

Sans permettre aux personnes

Du passé de revenir dans notre

Vie.

On ne donne pas des chances

A l'infini sans se respecter un minimum.

Je dois être fière

D'avoir appris de

Mes erreurs.

Je n'oublie pas que l'autre est

Mon miroir.

Ce qui lui fait défaut

Sont mes défauts.

Ne dit-on pas

Dit moi qui tu

Fréquente et je te

Dirais qui tu es ?

Sommes nous obligé

De fréquenter que

Des gens qui nous ressemblent ?

Alors que les différences

Sont les plus enrichissantes.

On nous dit de grandir
Dans notre tête.
Mais que cela veut dire
Quand cela vient d'une personne
Plus étriquée que soi ?

On aime pas les choses
Qui nous dérangent.
On aime que les choses
Qui nous arrangent
Meme si cela n'est
Pas en notre faveur.

Nous lisons et comprenons

Que ce qui nous arrange.

Nous accusons les autres,

Sans nous remettre en question.

La remise en question

Pour certain, n'est pas

Une question de

Conscience.

Avoir une conscience n'est

Pas destiné à tout le monde.

Si on faisait de

La bienveillance, de l'amour

Du respect une priorité

Nous ferions moins

De mal autout de nous.

Comment doit-on prendre

Un compliment d'une personne

Qui n'a que

Du venin a la bouche ?

comment prendre

Les „je t'aime" quand on te

Rabaisse juste avant ?

Sommes nous vraiment

Libre de notre destin ?

Devons nous toujours

Faire les compromis ?

Devons nous faire

Le travail sur soi de l'autre ?

Si c'est oui alors

La vie a une drôle de façon

De nous remercier

Si tout doit

Etre fait que dans

Un seul sens.

L'amour et les compromis se sont

Pas à être à sens unique.

On peut rire
De tout.
Mais on doit
Surtout savoir
Rire de nous même
Sans aucune gêne.

On dit souvent

Que nous mûrissons

Avec l'âge,

Mais n'est-il pas

Bon de temps en temps de

Garder son âme d'enfant

Pour continuer de s'émerveiller

Devant les merveilles

De la vie ?

Croire en l'invisible

N'est ce pas une façon

De continuer à croire

En la féerie de la vie,

Comme un enfant croit

Au Pére Noël ?

Alors il est bon de continuer

A croire en ce qui

Nous fait rêver et espérer.

On dit que nous pêchons

Par orgueil.

Mais nous ramenons

Quoi de notre pêche ?

Un pêcheur ?

Un péché ?

Un poisson ?

Ou rien sauf notre orgueil

Toujours accrocher

A la ligne de notre vie ?

Pour remettre de l'ordre

Dans notre vie

Ne faut-il pas

Avoir connu le désordre ?

Mais avons nous besoin

De sortir de notre désordre

Si notre vie est en ordre ?

Rien est plus possible

A faire

Que l'impossible

Si nous nous donnons

La possibilité de faire

L'impossible.

Il n'y a pas d'absents

Simplement des âmes invisibles

Du moment que les personnes

Que nous avons aimées

Restent dans

Nos coeur.

La sagesse,
La connaissance,
Et l'amour inconditionnel,
Sont nos 3
Plus belles richesses.
Que nous nous devons
D'acquérir et transmettre
Afin de ne pas commettre
Les mêmes erreurs du passé.

On dit que la femme
Doit élever la conscience
De l'homme.
Mais qu'éléve l'homme
chez la femme ?
Si ce n'est qu'un désir
Charnel ?

Plonger dans l'inconnu

Peut parfois nous apporter

Le bonheur.

Mais il ne faut pas avoir

Peur d'y plonger

Par peur de ne pas s'y retrouver.

S'en aller pour

Mieux s'aimer

C'est des fois

Pour mieux

Se retrouver.

Si nour gardions confiance
En nous et que prenions
Le temps d'un instant
Pour espérer des
Meilleurs lendemains
Nous n'aurions pas l'impression
De revenir à la case départ.

L'amour sans elle
Faire perdre les ailes,
Voler haut avec des ailes
Ne vaut rien sans elle.
L'amour inconditionnel d'elle
Donne des ailes.

Comme une partie de carte
Inachevée
La vie ne ressemble à rien
Loin des tiens,
Mais continuer le chemin
Sans les voir partout
S'est souffrir sans mourir.

On marche souvent seul

Pour tenter d'oublier

Celle qu'on a aimer.

Mais entendre sa voix

Sans revenir c'est

Passé a côté de notre avenir.

Si on part ce n'est pas

Pour un nouveau départ.

Si les sentiments sont

Toujours au rendez-vous.

L'amour ira toujours

Dans le même sens

Pour donner un sens
A la vie
Combien de murs
Devons-nous détruire
Pour nous contruire ?

Sans amour et patience
Nous allons souvent
A contre-sens
Sans être sur le devant
De la scéne de notre vie.

Ouvrir les yeux et

Regarder devant nous

En faissant de notre mieux

Nous permet de profiter

De ce que la vie nous

Offre de mieux

On a souvent peur d'aimer

Mais si nous n'arrivons

Pas à dépasser nos peurs

Nous n'arriverons jamais

A ouvrir notre coeur

Au bonheur.

Si nous croyons en

Notre bonne étoile

On trouverait notre histoire

Sans avoir

À rester dans le noir

Le temps d'un soir.

Nos plus belle années
Sont toujours lié
A notre passé,
Mais si nous ouvrions
Les yeux on les verrait
Toujours autour de nous
Et devant nous.

© 2024 Rébecca Cinçon
Édition : BoD - Books on Demand, info@bod.fr
Impression : BoD - Books on Demand, In de
Tarpen 42, Norderstedt (Allemagne)
Impression à la demande
ISBN : 978-2-3225-3906-2
Dépôt légal : juin 2024

FSC
www.fsc.org
MIXTE
Papier issu
de sources
responsables
Paper from
responsible sources
FSC® C105338